Helme Heine

Liebes GLÜCK

sanssouci

Blubb war ein Einzelkind. Wenn er gefragt wurde, was er später im Leben einmal werden wollte, blubberte er: Glücklich.

Zuerst versuchte Blubb sein Glück im Chor.
Aber er sang zu laut und zu falsch.

Dann träumte er von einer Karriere
im Sport und trainierte hart.

Aber der dritte Platz im
Dreisprung machte ihn nicht glücklich.

Sein Glück als Wetterfrosch währte nicht lange.

Und die Gefahren in der Welt ängstigten ihn.

In der Politik wäre er glücklich geworden,
aber er wurde nicht gewählt.

Ein Sparschwein gab Blubb einen heißen Tipp:
Kauf dir das Glück!

So wurde Blubb Perlentaucher und
fand sein Glück im Dorfteich.

Er kaufte eine Privatinsel
mit Swimmingpool.

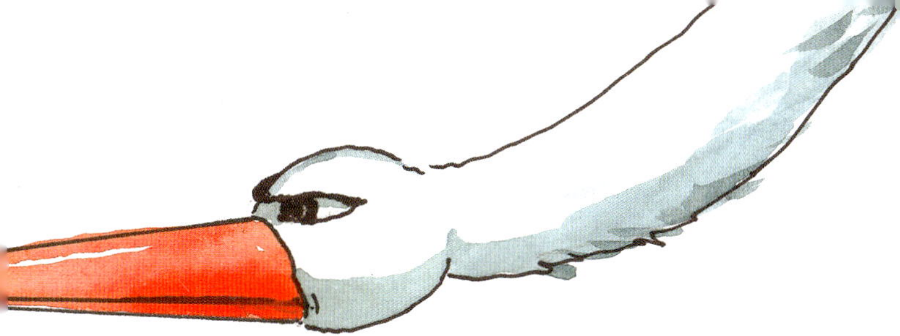

Er ließ sich eine
Lebensversicherung schneidern.

Er erwarb ein Motorboot mit
Fliegenklatsche und baute Klee an.

Das Glück erfüllte ihm alle Träume.

Aber dann brach der Damm und Blubb
verlor alles, was er je besessen hatte.

Ein indischer Laubfrosch versuchte ihn zu trösten: Kopf hoch: Glück – das ist die Zeit zwischen zwei Unglücken.

Einsam, schutzlos und unglücklich
hüpfte Blubb durch die Welt.

In einer Badeanstalt begegnete ihm
wunderbarer Weise das große Glück.

Es war Liebe auf den ersten Blick.

Sie heirateten,

und wenn sie nicht geschieden sind, dann leben sie noch heute glücklich zusammen.

Unser gesamtes lieferbares Programm und
viele andere Informationen finden Sie unter
www.sanssouci-verlag.de

1 2 3 4 5 13 12 11 10 09

ISBN 978-3-8363-0160-2

Einbandgestaltung: Birgit Schweitzer, München,
unter Verwendung eines Motivs von Helme Heine
Satz im Verlag
Druck und Bindung:
Memminger MedienCentrum AG, Memmingen
Printed in Germany